दिन बनने के क्रम में

(कविता-संग्रह)

भारतीय ज्ञानपीठ के नवलेखन पुरस्कार से सम्मानित

ज्ञान गरिमा के
70 वर्ष

भारतीय
ज्ञानपीठ

दिन बनने के क्रम में

अरुणाभ सौरभ

भारतीय ज्ञानपीठ

लोकोदय ग्रन्थमाला : ग्रन्थांक 1215

ISBN 978-93-263-5240-6

दिन बनने के क्रम में
(कविता-संग्रह)
अरुणाभ सौरभ

दूसरा संस्करण : 2016
मूल्य : 180 रुपये

प्रकाशक : भारतीय ज्ञानपीठ
18, इन्स्टीट्यूशनल एरिया, लोदी रोड, नयी दिल्ली-110 003

मुद्रक : विकास कम्प्यूटर ऐंड प्रिंटर्स, दिल्ली

आवरण-चित्र : सुचिंत एम.
आवरण-सज्जा : ज्ञानपीठ कला प्रभाग

DIN BANANE KE KRAM MEIN
(Poetry)
by Arunabh Saurabh

Published by
Bharatiya Jnanpith
18, Institutional Area, Lodi Road, New Delhi-110 003
Ph. : 011-24698417, 24626467; 23241619 (Daryaganj)
Mob. : 9350536020; e-mail : bjnanpith@gmail.com
sales@jnanpith.net; website : www.jnanpith.net

Second Edition : 2016
Price : Rs. 180

माते और नानाजी के नाम

और

अपने उन तमाम साथियों के नाम
जिनके साथ शुरू होती है प्रक्रिया दिन बनने की...

अनुक्रम

दुनिया बदलने तक

लौट आओ पंछियो, कि
सूरज तुमसे झूठ–मूठ वादे करके
छिप रहा है झील के उस पार
अन्दाज़ा लगा रहे हैं
पहाड़ के नीचे खेलने वाले बच्चे कि
सूरज ने दगा दिया पंछियों को
पर ये पंछी भी, शाम को घर लौटते हैं
जैसे कि हम

कौन कहता है, कि
कोई पहाड़, कोई मैदान, कोई झील
कोई नदी किनारा, नहीं बचेगा
जहाँ आज़ाद पंछी करेंगे प्यार

कौन कहता है, कि
अब चिड़ियाँ नहीं जा सकेंगी
क्षितिज के उस पार
बड़ी–बड़ी इमारतों से/टावरों से
टकराकर
ज़ख्मी हो जाएँगे पंख

चहको पंछियो, कि
शाम ने कई रंगों को

शामिल कर लिया है
अपने चित्र में
पर उसके पास आवाज़ नहीं है,
अपने दल-बल संग आओ
चहको इतनी तेज़ कि
हुक़्मरानों के कान का परदा फटकर
चिथड़ा हो जाय

नाचो पंछियो तांडव मुद्रा में, कि
तुम्हारे नाच से
प्रकम्पित हो जाय पृथ्वी

कौन कहता है, कि
सारी चिड़ियाँ ब्वाइलरों में भरकर
भेजी जा रही हैं परदेश
जहाँ पिज़्ज़ा-बर्गर के साथ
तुम्हारा जायका लगाएँगे गोरे

पर अभी वक़्त की लापरवाही झेल रही है दुनिया
अभी समुन्दर की अँगड़ाई से वाक़िफ़ नहीं है दुनिया
अभी रौशनी क़ैद हो गयी है कोयला खदान में
अभी नदी की गहराई टटोल नहीं पायी है दुनिया
अभी मौसम उदास है इस दुनिया में
अभी नकली सूरज, नकली आसमान है
अभी जान की कीमत सिर्फ श्मशान है

आओ पंछियो, आओ
पर यह शहर, यह गाँव
तुम्हारे स्वागत में
नहीं बजाएँगे ढोल
हम आएँगे तुम्हें लेने
तुम मेरे माथे पर फुदकना, कूदना

आज़ाद रहना, जब चाहो उड़ जाना

उड़ो पंछियो, पूरी आज़ादी से
कि समूचा आकाश तुम्हारा है
पानी तुम्हारी परछाइयों की आहट से बहता है
फ़सलें तुम्हारी चहकन से लहलहाती हैं
पहाड़ तुम्हें देखकर
अँगड़ाइयाँ लेता है

जीयो पंछियो, जुग-जुग
कि आदमी तुम्हारे सहारे ज़िन्दा है
मौसम तुम्हारा गीत सुनकर जीता है
हवा तुम्हारे पंखों के स्पर्श से थिरकती है
युग तुम्हारे रूप को निहारकर चुपचाप बीतता जाता है

मैं कहता हूँ
लौट आओ पंछियो,
क्षितिज के उस पार से
रंग-बिरंग दल-बल लेकर
चहको चोंच से ऊँचे स्वरों में
नाचो कि दिशा बदल जाय
आओ कि तुम्हारे साथ खेलना है

उड़ो पंछियो, दूर-दूर तक कि
जीना है जमकर
चहकना है कसकर
उड़ना है गा-गाकर
दुनिया बदलने तक।

पहाड़ गीत लिखता है

(एक)

अपने आस-पास के लोगों से
हाथ मिलाकर
उसके घर पहुँचता है—
पहाड़
पानी पीकर फिर खड़ा हो जाता है

अपने बगल से गुजरने वाली ट्रेनों को
हरी झंडी दिखाकर विदा करता है
कोई भूखा हो तो उसे देखकर रोता है
रोटी नहीं जुटाता है पहाड़
पर खड़ा होना सिखाता है

जब मन न लगे तब भी वह खड़ा रहता है
व्यवस्था से बँधा है पहाड़
जो सिर्फ़ उदास होने पर
गीत लिख सकता है

एक तुम हो, कि
रोज चीरते हो उनकी छातियाँ
और पहाड़ खड़ा ही रह जाता है

(दो)

पहाड़ को काट-काट कर
कुछ लोग बनवा रहे हैं राजमार्ग
कुछ लोग लकड़ियों के लिए
उजाड़ रहे हैं पहाड़
फावड़ा और आरी चलाने वाले
जो दो-जून रोटी भर की जुगत में
किसी और के इशारे पर उजाड़ रहे हैं पहाड़
उनको देखकर बाँहों में भरकर
भर्राये गले से बोलता है—
'आ बेटा, आज की शाम तुम रोटी-दालमखानी
जरूर खाना
और पॉलिथीन जरूर पीना'

इधर मुख्यमन्त्री घोषणा करते हैं
कि अब सीधे यह सड़क
शिलांग से दिल्ली तक चली जाएगी
सिसक-सिसक कर रो रहा होता है पहाड़
और आँसू पोंछने वाले आदमी
आँसू पोंछकर सांय-सांय
आरियाँ चलाने लगते हैं।

पहाड़ी शाम एक शब्दचित्र

आम के पेड़ पर उदास बगुले
वापस लौट चुके हैं
चीर-देवदारु -अमलतास की लरजती पत्तियाँ
उदासी का गीत लिखकर झर चुकी हैं

धूल-धुआँ के गठबन्धन से
बन चुका है— नया आसमान
झील साक्षी है/पहाड़ी साक्षी है
जहाँ अब चिड़ियों ने बन्द कर दिये हैं गान
राशन लेकर पुरुष-स्त्री
गुनगुनाकर चढ़ रहे हैं पहाड़

पहाड़ के नीचे रेलवे ट्रैक पर गुजरने वाली ट्रेन के
यात्रियों से आँख मिलाते उनके
सकुशल घर पहुँचने के लिए मन्नत माँग ली जाय

दिनभर स्कूल के दमघुटाऊ माहौल को त्यागकर
आज़ाद परिन्दों की तरह उड़ते हौसले और जज़्बात संग
बॉस्केट बाल कोट से
बच्चे खेलकर घर वापस जा रहे हैं

इस समय हवाओं ने भर दिये हैं कई रंग
झील के पानी के ऊपर छितर गया है

सुनहरा सूरज
टूटती जवानी की कसक संग
दम भरने के लिए शाम के इन्तजार में

दिनभर की ऊबन और थकान को उतारकर
अब चलो थोड़ा सुस्ता लिया जाय।

गुवाहाटी में वशिष्ठ आश्रम

तपते शिलाखंड
एक दूसरे से संगुम्फित
मानो
माला में गूँथा हुआ गेंदा
शिलाओं के नीचे
बहते झरने के पानी का
कल-कल निनाद
किसी तपस्वी हृदय ने
सुरम्य-स्थल पर
बनाया होगा आश्रम
जहाँ एकान्त साधना से
व्यक्तित्वान्तरण के पश्चात्
खोज सके
दुनिया बदलने का सूत्र

पहाड़ी से उतरता झरना
बतियाना चाहता है
उस पानी के कोमल स्पर्श के बारे में
जो चंचल मन को
झंकृत करता है

दुनिया की आपाधापी
इस भागते शहर की होड़महोड़ से अलग

आदमी के काँइयाँपन से जुदा
नीलाचल की अन्तिम पहाड़ी की तलहटी में
बोलता है झरना
बोलता है पहाड़
बोलता है पानी
कि हम सजीव हैं—
लेकिन देखो
हम आज के आदमी नहीं हैं
न होना चाहते हैं

अगर आपकी आँखें
किसी दूसरे की आँखों में
डूबना चाहती हैं
अगर आपकी साँसें
किसी और की साँसों में
उतरना चाहती हैं
अगर आपके हाथों में
गिरते को उठाने की ताकत है
तो ये जगह आपको
कुछ और ज़िन्दा कर सकती है

खजन चिरैया

मुँह फेर लूँ
तोको हाथ जोड़ लूँ
तू जा, तू जा, तू जा...

चुग्गा-चुग्गी
अतरस-बतरस
तेल-तलैया
लौवा-लाठी
चन्दन-काठी
तोड़ के ला

सोन चिरैया
खजन चिरैया
उड़ जा, चल जा
बहुत दूर जा...

एक शाम कविता के नाम

पसीने की गन्ध से
उमताई गर्मी में
जब कमंडल के जल की तरह
माथे से पसीना टघरता है
और रंगीन कमीज़ पर
जब सफ़ेद धब्बे
अल्पना की तरह
उभरते हैं
वनस्पतियों का कौमार्य
छटपटाता है
और कशमकश से भरी तपिश में
मन बौरा जाता है
तब इन्तज़ार के लिए
हल्की ठंडक के साथ
प्रचंड गर्मियों की प्यासी शाम
कविता के नाम
होती है।

शहर भागलपुर के नाम एक कविता

अबकी इस शहर की
उन्हीं गलियों में घूमा
जहाँ कभी आवारागर्दी का माजदा था
शर्बत और ठंडई की
मिठास के नशे में
घोला हुआ गप्प
चौकों पर पान गुमटी में आबाद
किस्सों का संसार
वो नुक्कड़ वो घंटाघर
तिलकामांझी चौक
खंजरपुर चौराहा
टी.एन.बी. कॉलेज के
लड़के-लड़कियों की टोली
वो हँसी-ठहाके
बुजुर्गों की बातें
बीते जमाने के

आवारापन में भागता हुआ
शहर भागलपुर
जहाँ कभी आदमी और लूंगर
साथ-साथ भागते थे
तसर सिल्क की तरह
मुलायम होता था जहाँ प्यार

अब तातारपुर में इजलाश मियाँ की जलेबी
और रफ्फू मियाँ की चाय मीठी नहीं लगती
परबती चौक की झाल–मूढ़ी से
नमक–मिर्च गायब है

अब इस शहर में
बांग्ला के गीत
मैथिली की लोकधुनें
अंग देस की लोककथाएँ
सुनाई नहीं पड़तीं

शरत्चन्द फिर नहीं आये यहाँ
चन्द्रमुखी चेहरे की झुर्रियाँ और ज़र्द होती देह संग
देव बाबू की याद को लेकर चली गयी पाताल लोक
जोगसर के कोठे पर पसर गया वीरानापन
चम्पानगर और नाथनगर में
छा गया ग़र्द गुबार
और उन्नीस सौ नवासी ने
बची–खुची शहर की उम्मीदों की कमर तोड़ दी

कुल मिलाकर
अब यह शहर शहर नहीं
शहर के नाम पर
महज औपचारिकता है
किसी भागी हुई लड़की का
पुराना पता है...

सितार वादन

सुशील कुमार सुमन के लिए

बनारस के
संकटमोचन मन्दिर में
मानस के हंस की
विनय-पत्रिका सदृश
काव्यमय स्तुतियाँ
कानों को अनायास
सरूप आनन्द देती हैं
संगीतमय सन्ध्या में
करीबी मित्र 'सुमन' के साथ बैठ
निलाद्री कुमार के
सितारवादन में
तारों की झंकृति में
रागों की गहराइयों में
हौले हौले उतरता हूँ

टोकना चाहता हूँ
टोहना चाहता हूँ
मित्र को
कि तार पर फिसलतीं
निलाद्री की अँगुलियों के
जादू में ऐसा फँस जाता हूँ
कि अपनी धड़कनों को भूल जाता हूँ

पसरती रात की कालिमा, जो
दीवार पर बम-विस्फोट के निशान से
ज्यादा काली है, में
भूलता जाता हूँ
स्वयं को, मित्र को
परिवेश को, रात को
हवा को, भूख प्यास को
शायद सुमन भी भूल गया होगा सब
जिसकी धड़कनों का स्वर
चाहकर भी सुन नहीं पाता...

दिन बनने के क्रम में

रतजगा कर
काली करतूतों के गवाह तारे
टिमटिमा कर जा चुके थे

मड़ैया पर कौए को
कुचरने की हिम्मत
नहीं बची थी
न प्रभाती गाने के लिए
चिड़ियों को फुर्सत

सूरज निकल रहा था—
मुँह लटकाकर
अधूरे मन से

अथाह तालाब-जल से
जलीय कीट
घाट पर आकर
सूर्य द्वारा तालाब को
कनखी मारने के गवाह थे

मानुषिक वेग के प्रकम्प ने
तोड़ दिया
सम्मोहित क्रिया-कलाप।

कचोटित हृदय के
दर्द से निकला रंग
भारी पड़ गया
सभी रंगों पर

अब तालाब-जल की छत पर
छितर गया सूरज
किरणों के साथ-साथ
टुकड़ों में सुनहला

मनहूसियत से भरी सुबह को
दिन बनाने के एवज़ में
एक आदमी
खींच लेना चाहता है—
इस दृश्य में से सब कुछ
अपने को गढ़ने के लिए
खींच लेना चाहता है
फसल-फसल धरती
नदी-तालाब से पानी
साँस-साँस हवा
पानी-पानी लाज
लाज लाज वहम
पहाड़ जैसा जीवन!!

दिन बनने तक

(एक)

इंसानी रिश्तों की
फेहरिस्ती दुनिया में
एक साथ मचान पर बैठ
शतरंज खेलें हम
हो जाए शाम
छा जाए धुँधलकी

(दो)

चूल्हे पर चढ़े अदहन में
गिर जाए चावल
भट-भट करे
पतीले पर रखा ढक्कन
फैल जाए चहुँओर
भात-गन्ध
भात... गन्ध...

(तीन)

थाली में
सज जाए भात
कोमल कलाई की
चूड़ी-खनक संग
भात-ऊपर

गिर जाए—
दो कलछी दाल
एक चम्मच घी
एक टुकड़ा अचार

(चार)

टाँगें पसार
बीत जाए रात—
सन्नाटे में शरीरी
खर्राटे में तगड़ी

(पाँच)

कौए के कुचरने से पहले
जाग जाएँ हम
पाहुन के आने से पहले
केथरिया गदली छोड़
निकला जाए घर से

(छह)

छिपा लें
नकली मुस्कान में
असली दुःख
समय पड़ने पर
खिलखिला कर
हँस पड़ें हम

(सात)

कामों से थक-हार
दिनभर के तनाव भूल
बैठ शतरंज पर
हम दोनों साँझ में

हो मशग़ूल
हो मशग़ूल
शह–मात खेल में
जीवित रहें
ताउम्र
समय निकालकर।

भोर का इन्तज़ार

खुली खिड़की की जाली से
छनकर आती
लड़ी-दर-लड़ी
किरणों की
चहकन में
गौरैयों का दल
लैड पॉट के पानी ऊपर
तैरते फूलों के टुकड़े
एक्वेरियम में नाचती मछलियाँ
टेबुल पर कोई लॉफिंग बुद्धा
ड्राइंग रूम में
हुसैन की पेंटिंग
आविदा परवीन के गाये सूफी कलाम
गरमागरम चाय का प्याला
प्रेश हुए कपड़े
बाथरूम, साबुन, तौलिया
फिर नाश्ता
ये जरूरी नहीं कि
तुम मेरी ऐसी जरूरत बन जाओ
कि इन चीजों के लिए
तुम्हारी भूमिका
भोर होने का इन्तज़ार करे...

गुलमोहर की छाँव

सन्नाटे में स्वाँस
जैसे चलती हवाओं का स्वर
जैसे हरे पेड़ का धरती को चुम्बन
गुलमोहर के हाथ टूटे हुए
बिखरे हुए
एक प्यारी लड़की के फूल जैसे हाथ में
रख देता गुलमोहर का लाल-लाल फूल
उसके जूड़े में खोंसता
इसी हरी पहाड़ी के नीचे
धूप की ताप के विरुद्ध
गुलमोहर की छाँव

लाल गुलमोहर की छाँव हो तुम
जो मेरा बोधिवृक्ष है
जिस छाँव में गहराइयाँ टटोलता हूँ अपनी
रोम-रोम को धूप से बचाकर
दुनिया की नज़रों से आँख चुराकर
इसी हरी पहाड़ी के तल में
इसी झील के किनारे
चलती हवाओं के साथ
इसी पत्थर पर बैठकर
गुलमोहर की छाँव में
तुम्हारी आँखों को पढ़ना चाहता हूँ

यह गुलमोहर जो सिर्फ़ एक पेड़ नहीं है
यह तो सभ्यताओं की कहानी है
आत्मा की कातर पुकार है
निःशब्द गवाही देता है
प्यार की, पूर्णता की
सम्पूर्ण कर देता है
मेरा-तुम्हारा प्यार
यह गुलमोहर आँखें हैं
बेहद प्यारी आँखें
तुम्हारी आँखें जैसी
इसके हरे पत्ते की छाँह से छनकर
आती-धूप की टुकड़ियाँ
आँखें जैसी दिखती हैं, जमीन पर
देह पर पड़ने पर
हजारों आँखें बनती हैं
समेट लूँ मुट्ठियों में
इन सभी धूप की टुकड़ियों को

आओ, कि इतने दिन से
यह गुलमोहर तुम्हारा साथ
पाने को व्याकुल है
तुम्हारे माथे पर प्यार से
टपकेगा एक-एक
लाल फूल
तुम्हारे आँचल में
भर जाएगा गुलमोहर लाल-लाल
माफ कर देना
भूल-ग़लती
मेरा साथ
तुम्हारा साथ
अब हमारा साथ बनकर
गुलमोहर के साथ का
हिस्सा बन जाएगा।

जीवन में रंग

कभी जीवन का रंग
बचा-खुचा
श्वेत-श्याम
रचा पचा
जीवन में
रंग था एक गेहुँआँ

अबकी तरंग में
तरंग दैर्घ्य सर्वश्रेष्ठ
रंग लालम लाल है
असमर्थ खून-घाम
क्रान्तिरिक्त ताम-झाम
एक है दुपट्टा
उसमें गोटा है जड़ा
और सितारा है जड़ा
और आशाएँ प्रचंड
दिव्य कन्धे पर चढ़ा
एक दुपट्टा है लाल :
बोलता है—
'समय आने पर
मैं इन्द्रधनुषी हो जाऊँगा
बिल्कुल सतरंगी...।'

दौड़ते हुए

साँसों की गरमी
धड़कनों की रफ्तार तेज
बहुत तेज
कुआँ, पोखर, झील
नदी, सागर से
होते हुए
हवा में भाप बनकर
उड़ते हुए
आकाश से गुजरते हुए
बादलों की तरह
गरजते हुए
बरसते हुए
अन्तिम समय तक
तुम्हें पाते हुए
तुम्हारे साथ दौड़ते हुए...।

मेरी यादें, तुम्हारे लिए दुहराहट हैं

दुर्दान्त अकेलेपन में,
स्मृतियों के जीवन्त होने
धड़कनों के तेज होने
साँसों को फूलते रहने
कि अँगड़ाईयों में देह को कटकटाने
के बीच
मैं तुम्हें याद आऊँगा

उमड़ते दर्द के सैलाब में
आँखों के बन्द होते चले जाने
और पल-प्रतिपल
घटनाओं के बदलने
पल-पल में उठे
तूफानों के मानींद
मैं तुम्हें याद आऊँगा

दुहराओगे जैसे ही तुम
अपने आप को बारम्बार
मैं तुम्हें याद आता रहूँगा।

वादा

भुरभुरी रेतीली ज़मीन पर
पड़ती जेठ की धूप
नदी किनारे की तपती ज़मीन पर
भागता कदम
मेरा और तुम्हारा
और जेठ की दुपहरी से
अपने आप हो जाती शाम
और गहराती शाम में
पानी की छत पर
नाव में जुगलबंदी करते हम

हौले-हौले बहते पानी से
सुनता कुछ
अनबोला निर्वात
तुम मुझसे लिपटती
लिपटकर चूमती
चूमकर अपने नाखून से
मेरे वक्ष पर
लिख देती
प्यार की लम्बी रक्तिम रेखा
....
सिसकियाँ छूटने पर
तुम विदा माँगती

और जेठ की दुपहरी से
गहराती शाम से
नदी किनारे से
रेतीली ज़मीन से
पानी और
अनबोले निर्वात से
वादा करते कि....
'हम फिर मिलेंगे साथियो!'

मेरे–तुम्हारे बीच में

मेरे–तुम्हारे बीच में
पटना–इलाहाबाद है
गाँव–देहात है
खेत–खलिहान है
जाफरी–मचान है

रेलों का आना–जाना

मेरे तुम्हारे बीच में
शाहरुख खान है
टॉमक्रूज और आमीर खान है
ऐंजलीना, कट्रीना, दीपिका
गुलजार, समीर
ए. आर. रहमान है

मेरे तुम्हारे बीच में
इंटरनेशनल एयरपोर्ट है
बीज़ा–पासपोर्ट है
कई भाषाएँ और बोलियाँ
कई देश और परदेश
कई पसन्द, नापसन्द

फिर भी मैं हूँ : कि चुप हूँ

तुम हो कि : बोलती ही नहीं
क्योंकि तुम्हारे बोलने पर
थरथराने लगता है हावड़ा-ब्रिज़
हँसते ही चमक उठता है
ताजमहल का सफेद संगमरमर
नज़र उठाते ही झुकती जाती हैं
पीसा की मीनारें

मेरे-तुम्हारे बीच में
सुकरात के जूठे जहर का कटोरा है
दुर्दान्त यातना सह चुके
कवि की उदास कविता है
मेरे-तुम्हारे बीच में
कई होनी-अनहोनी हैं...।

ऐ सुनो श्वेता

सुनो श्वेता,
कुछ ही दिन पहले
आटाचक्की पर
गेहूँ पिसवाने गये थे हमलोग
सगुनी (दूधवाली बुढ़िया) के पास
कुछ पैसे बचे हैं
जिन्हें लाना है वापिस
अभी-अभी धान की दुनाई-कटाई होनी है
और नरगल्ला[1] पे चोर-नुकैया[2], ढ़ेगा-पानी[3]
डैश-कोश[4], कनिया-पुतरा[5], अथरो-पथरो[6]...
खेलना बाँकी रह गया है— हमारा

नानी से कहानी सुननी है
बिहुला-बिसहरा[7] की, नैना-बनिजारा[8] की
शेखचिल्ली[9] और गोनू झा[10] की
या वो वाली कहानी भी
जिसमें पाताल-लोक के अन्दर
लग्गी लगाकर बैगन तोड़ते हों—बौने
कहानी के उस पाताल लोक में भी जाना बाकी है

आधी रात में
अपने सपनों को दबाकर
चेंहाकर उठ जाना

और पेड़ों की झुरपुट बीच
चाँद को निहारना चुपचाप
और चाँद की रोशनी में तुम्हारे साथ
अट्ठागोटी खेलकर
मखाना की खीर पकाना भी बाकी है

और भी बाकी है—बहुत कुछ बाकी है
श्वेता!
ऐ सुनो श्वेता!!
तुम कितनी बड़ी हो गयी, अचानक
इतनी जल्दी, इतनी बड़ी कि...
... अब
... ब्याहने जा रही हो!

---

1. पुआल का ढेर।
2, 3, 4, 5, 6. बच्चों के कुछ लोकप्रचलित खेल।
7, 8, 9, 10. लोककथाएँ।

यह भरतनाट्यम् का एक पोज़ नहीं है

यह कविता प्रसिद्ध अंग्रेजी लेखिका अरुन्धती राय को समर्पित, जो कहती है कि 'मेरी दुनिया मर गयी है/मैं उसका मर्सिया लिख रही हूँ।' जीशा भट्टाचार्य एक स्कूली छात्रा है, जो मेरे स्कूल में दसवीं में पढ़ती है और भरतनाट्यम् करती है, उसकी माँ मुझे उसका एक फोटो दिखाती है, जिसमें जीशा अपनी उस बहन के साथ है जो चलने-फिरने में सर्वथा असमर्थ है।

तुम समय के खिलन्दड़ेपन से अनजान
समय में ताल भरने के निमित्त
भर देती हो कुछ ध्वनि
जब तुम अपनी बेहद सुन्दर आँखों से
गोल-गोल देखती हो दुनिया
कभी कह नहीं सकती हो, कि
'मेरी दुनिया मर गयी है...
मैं उसका मर्सिया लिख रही हूँ।'

इस समय में
जबकि टेलीविज़न से चलनेवाली गोली ने
छलनी कर दी है संगीत की छाती
और तुम गा रही हो—
'मधुकर निकर करंवित कोकिल
कूजति कुंज कुटीरे...'
इसी समय में

जब नृत्य करनेवाले पाँवों को काटकर
बाज़ार में बेचा जा रहा है
लेगपीस
तुम भरतनाट्यम् के एक पोज़ में
थिरका देती हो पाँव

तुम्हें नृत्य करना है ताउम्र
गाना है ताउम्र
अबकी अरुन्धती जी से भेंट हुई तो कह दूँगा कि
किसी की दुनिया आसानी से नहीं मरती
जिसकी शिनाख़्त पर मर्सिया की कवायद हो
और एक लड़की ने
चौदह साल की उम्र में ठान लिया है, कि
वो अपनी दुनिया में जमके जीना चाहती है
एक दुनिया गढ़ना चाहती है
कि जिसमें गा सके खुलेआम
बिना किसी स्वार्थ के
कर सके भरतनाट्यम्

शायद उसके बुलन्द इरादे को
मिल ही जाय मंज़िल

वैसे शुक्रिया मेरी बच्ची,
मैं तो गर्व से कहता हूँ कि
अगर ईश्वर की औक़ात है तो एक
एक बिटिया मुझे ऐसी ही दे
मुझे ही क्यों
हर किसी को
जो बिल्कुल इसी की तरह हो
बिल्कुल इस लड़की की तरह
गायन जिसका शौक़ हो
नृत्य जिसकी मंज़िल ....

अपनी बड़ी बहन की दुआएँ भी ले लो जीशा
जो बोल नहीं सकती
पर बोलना चाहती है
वह भी करना चाहती है 'भरतनाट्यम्'
पर पैर जवाब दे देता है

पर तुम 'भरतनाट्यम्' की मुद्राओं में
थिरकाती हो पाँव
उसे एहसास होता है
कि उसी के पाँव थिरक रहे हैं
उसी के अंग-अंग में
संचालन हो रहा है

जब शरीर तुम्हारा नृत्य करता है
तो तुम्हारी बहन आत्मा से नृत्य करती है
क्योंकि वह बोल नहीं सकती
चल-फिर नहीं सकती
पर महसूस कर सकती है
आत्मा के कोर से...

दूर किसी ने गाया होगा

(एक)

सुर में कोई घुँघरू टूटे
तन पर, मन पर आगिन छूटे
लय की, छन्दों की, तालों की
सितार, तबले, हारमोनियम की
आवाज़ किसी ने सुनाई होगी
या झाँझर झनकाया होगा
दूर किसी ने
दूर किसी ने
दूर किसी ने गाया होगा

(दो)

अँधरिया में अँजोरिया–सी
अँगुलियों में कँगुरिया–सी
कानों की कनबाली डोली
चुपके से मतवाली बोली—
'गाने से पहले बेसरम
हौले से मुसकाया होगा'
दूर किसी ने
दूर किसी ने
दूर किसी ने गाया होगा

(तीन)

स्टेशन पर आया होगा
ठुमरी–कजरी गाया होगा
रेणुजी का मैला–आँचल
बाढ़ में भसियाया होगा
भीख माँगने पुनः रेल में
खंजड़ी की लय में
उसने कुछ भी गाया होगा
दूर किसी ने
दूर किसी ने
दूर किसी ने गाया होगा।

प्रवासी परिन्दे की उड़ान

अँधेरे में हो चुके
कुकर्मों से शर्मशार
रात विदा कर गयी है
जिसमें,
अवसाद के बोझ को उतारकर
आराम किया था—
उसने

कमरे
के जँगले और रोशनदान से
टूट-टूटकर गिर रही
धूप की टुकड़ियाँ
अहिल्या विलावल, नट-भैरव
गुनगुनाने का
यह समय नहीं है

दस-बाई-दस के कमरे से
लापरवाह साँसें
बारम्बार फूलकर
बाहर आ चुकी हैं
सार्वजनिक नल में
बाल्टी लगाने का
यह समय है

जठरागिन जाग रही है
टिनही छिपिया में
मोटी-मोटी रोटी
सूरज से तेज चमक रही है
सूरज से तेज चमकती रोटी को
नून-तेल-पियाज और
कच्चा मिरचाई के साथ
निगलने का
यह समय है

यह समय है
साईकिल के हैंडिल में
टिफिन कैरियर बाँधने
झोला लटकाने
तेज-तेज पाइडिल से
भागने का
यह समय है

भागते समय में
इस कविता के लिखे जाने के पहले
वह पैंट की जेब से पर्श निकाल
उलट-पुलट
नयी बियाही पत्नी का फोटो देखकर
उड़ जाता है किसी उड़ान में
सर के ऊपर से गुजरने वाले
वायुयान की तरह

फिर, पर्श में पड़े
एकाध नोटों को गिनकर
खामोशी में
लम्बी साँसें खींचकर

पैर के अँगूठे से
चप्पल खोदकर
रूमाल से
चेहरा पोंछकर
कई मिनटों की
चुप्पी साधकर
झुनकी वाली पायल के
वादे को यादकर
तेजी-तेजी से
काम पर लग जाता है

ऐ उड़ने वाले परिन्दे, सुनो
अबकी काली पूजा में
उसकी रिनिया जरूर झनकाएगी
झुनकी वाली पायल
पहनेगी गोटावाली जार्जेट साड़ी
बहुत करेगी प्यार
करते-करते प्यार
अबकी रिनिया
प्रवासी परिन्दे पर
तन-मन जाएगी हार....

मुम्बई होना देश होना है

(एक)

यात्रा जो मुम्बई के लिए होती है

इस सफ़र में
कुछ हिन्दू हैं
कुछ मुसलमान हैं
कुछ किस्से हैं
उनकी कहानियाँ हैं
कई हिस्से हैं
ज़िन्दगी के

कई पेड़
कुछ में फूल
कई झाड़-झंखाड़
हरी घास और बंजर ज़मीन है
कई तालाब
कुछ में पानी

कई सपने
कई अरमान
और नसीब अपना-अपना है

(दो)

मनुष्यों के शब्द-चित्र

कोई कॉलर चढ़ा के
कोई फटी जीन्स में
कोई चमचमाती घड़ी में
कोई लुंगी-गंजी-गमछा में
कोई क्रीज़दार पैंट में
कोई टोपी में
कुर्ता-पाजामा में
कोई टीका में
धोती-कुर्ता में
इरादे सबके नेक हैं
मत अनेक हैं
मंज़िल एक है
किसी को सुख किसी और को चैन है
ये मुम्बई जानेवाली ट्रेन है

कई वादे हैं
जिन्हें किसी ने भूला है
किसी को याद है
सफ़र में कई धूल हैं, फूल हैं
ट्रेन की सीटी, लोगों की चिल्ल-पों पर
भारी पड़ती है—छुक-छुक, कू-कू
कू-कू, छुक-छुक
पानी कम; चाय गरम है, चना मसाला है
जी, मूँगफली बादाम है
पकौड़ी, आलू-चाट, ठंडा, लस्सी, फ्रूटी है,
ब्रेड कटलेट/आमलेट है
अलग-अलग रेट है
कवि आउट ऑफ डेट है

(तीन)

उनींदी में कविता

आधी रात
रेलगाड़ी की आवाज़ में
तीन-दिन
तीन-रात
कसक सन्नाटा और
अधनींदी को दबाकर
सीने के किसी कोने में
सपनों को चस्पा-चस्पा
रेज़ा-रेज़ा वक़्त के साथ
पहर बीतने का इन्तज़ार
अधजगी रात में
उनींदी डूबी आँखें
थकान को भूलकर
कविता पैदा करती हैं

(चार)

शब्द-चित्र में शिवाजी टर्मिनल/लोकमान्य तिलक टर्मिनल

धड़धड़ाकर रुकी है ट्रेन
कई कहानियों के बनने-बिगड़ने का समय
अब नये तरीके से शुरू होता है
काली कम्बली में लिपटी रात
सबेरे की दूधियाई चादर
कम्बली फेंककर ओढ़ लेती है
जिससे गुजरते हुए इस ट्रेन में से
बहुतों ने महसूसा, कि
रात के तीसरे पहर में

कुक्कुर की आवाज़ें
और वनबिलाड की
और सियार की
जैसे-तैसे
रात को फाड़ती
सिसक-सिहरकर
उसी समय में
कोई बच्चा माँ के आँचल में
दुबककर रोया था
अपनी माशूका की यादों को
सीने में दबाकर
कोई मर्द जब सोया था
कोई पिशाच इसी बीच में
ख़ून पीने की हसरत से
भागा-दौड़ा आया था

अब दृश्य बदलने की वजह से
प्लेटफार्म के बाहर
बेस्ट डिपो, लोकल, टैक्सी स्टैंड, प्रीपेड ऑटो
इत्यादि का नज़ारा
मायानगरी की तरफ खींच ले जाता है
—सबको

(पाँच)

यह सिर्फ़ मायानगरी नहीं है मेरी जान

सिने तारिकाओं की मोहक हँसी
चमचमाकर जब देश में फैलती है
दलाल स्ट्रीट से निकलकर आता है
देश का भाग्यफल

मायावी नियन्ता समूचे देश को
अपनी मुट्ठियों में क़ैद करना चाहता है
अपनी लपलपाती जीभ से वो
चाटने को आतुर है
समूचा देश...
डरावनी, दहकती लाल-लाल आँखों से
निरन्तर माया की लपटें फेंककर
भष्म करना चाहता है देश
कि मायावियों के डर के मारे ही
मुम्बई को मायानगरी कहते हैं लोग

दिल्ली कल क्या करेगी
मुम्बई इस पर आज ही विचार कर लेती है
उस विचार को हक़ीक़त बनाने के लिए
लाखों की भीड़
लोकल ट्रेन में हुजूम बनाकर चल देती है
तब जबकि समूचा देश सोया रहता है
हड़बड़ाकर जाग जाती है मुम्बई
गणपति बप्पा...मोरया...
पर मुम्बई
सिर्फ़ बांद्रा, जुहू, वर्ली में नहीं
कामकाज की तलाश में
भागते लोगों के जूतों में
जागती है
मायावी नियन्ताओं की
बड़ी-बड़ी इमारतों में नहीं
कसमसाती है मुम्बई
दिन भर की हाड़-पंजर तोड़नेवाली
थकान के बाद
झुग्गियों में ऊँघती रात के
खर्राटे को निकालकर

कसकते दर्द का भी नाम मुम्बई है
सार्वजनिक नल में पानी भरने के लिए लगी
लम्बी लाइन में होने वाली गाली-गलौज की
भाषा का भी नाम मुम्बई है
समुन्दर किनारे सिंकते भुट्टे का स्वाद
हवा मिठाई का स्वाद
महालक्ष्मी में प्रवेश करने का द्वार
और ऐसा ही सबकुछ मुम्बई है
क्योंकि मुम्बई होना ठाकरे होना नहीं है
अम्बानी और टाटा-बिड़ला होना नहीं है

मैं तो कहता हूँ;
मुम्बई सबको देखनी चाहिए
क्योंकि जितनी दिखाई जाती है
सिल्वर स्क्रीन पर वैसी ही नहीं है मुम्बई
उससे बहुत-बहुत आगे
जिसे कोई दिखा ही नहीं सकता
और उससे आगे आप देख ही नहीं सकते
घिन के मारे, शर्म के मारे, डर के मारे,
गर्व के मारे, शान के मारे, ताकत के मारे

यह सिर्फ़ मायानगरी नहीं है मेरी जान
मुम्बई तो रोज़मर्रा है,
हस्बमामूल है,
रोज़नामचा में—
होड़महोड़, जोड़-तोड़, भागम-भाग होना है
क्योंकि; मुम्बई होना देश होना है...

अभिशप्त

बिजली कटने के बाद
दिन जब कड़कड़िया धूप की
ताप से
बाप-बाप करता है
लॉज के नल से एक-एक बूँद पानी
टप-टप गिरता है
प्लास्टिक की लाल बाल्टी में
उस दुपहरिया में
जब धूप आग की तरह लपलपाती है
तो पटना शहर के तलुवे से
मिरचैया किरकिरी फैलती है

गंगाजी के तट और महेन्द्रू घाट
झुलसी लाश जैसे दिखते हैं
तब नायक,
बिजली कटने के बाद
कड़कड़िया धूप में
घाट के पास वाली चाय दुकान पर
कमरे का दरवाजा बन्द करके आता है
अपने छात्र-जीवन में
जो महज छात्र इसीलिए है, कि
बत्तीस की उम्र में न नौकरी हुई है, न शादी
बेरोजगारी और बेदुल्हनी का दंश

एक साथ झेलता है
इतनी हिम्मत नहीं, कि वो
कर सके प्रेम
क्योंकि अब प्रेम
जेब में पड़ी पर्स में कसमसाता है
न आँख से, न नाक से, न होठ से
न स्तनों से
बल्कि आँख से स्तन और वहाँ तक
पहुँचने के लिए जरूरी है—
मोटा पर्स
और हमारा नायक
जब वापस आकर अपना टी शर्ट उतारता है
तो काँखों की बदबू से
विश्व की महानतम, प्राचीनतम नगरी
पाटलिपुत्र का साम्राज्य हिल जाता है

मकान मालिक द्वारा दरवाजा खटखटाने के बाद
वह
पिता के मोबाइल पर रिंग करता है
और पिता से बतियाने पर
पता चलता है कि
इस महीने नहीं पहुँच पाएगा पैसा अकाउंट में तो
आधुनिक पटना के सभी जननायकों का पैजामा
सरक कर गिर जाता है

घाट पर ही छटपटाकर
सूख जाती है गंगा
हनुमान मन्दिर से गायब हो जाते हैं
हनुमान
अणे मार्ग और बेली रोड पर
पसर जाती है वीरानी
फ्रेजर रोड से डाक बँगला चौराहा तक की सारी दुकानें

मुँह फाड़कर उसे कच्चा चबाना चाहती हैं
गोलघर तिरछा हो जाता है
और गाँधी मैदान का गाँधी
मैदान छोड़कर भाग जाता है।

वो स्साला बिहारी

अबे तेरी...
और कॉलर पकड़
तीन–चार
जड़ दिए जाते हैं
मुँह पर

इतने से नहीं तो
बिहारी मादर...
चोर, चीलड़, पोकेटमार
भौंसड़ी के...

सुबह हो गई
चाय ला
तेरी भैण की
झाड़ू–पोछा
तेरी माँ लगाएगी... ??

जब भी मैं
अपने लोगों के बीच से
गुजरता हूँ
रोजाना सुनने को मिलती हैं
कानों को हिला देने वाली गालियाँ
उनके लिए जो

हर ट्रेन के
जनरल डब्बे में
हुजूम बनाकर चढ़े थे
भागलपुर, मुजफ्फरपुर
दरभंगा, सहरसा, कटिहार से
सभी स्टेशनों पर
दिल्ली, मुम्बई, सूरत, अमृतसर, कोलकाता, गुवाहाटी
जाने वाली सभी ट्रेनों में
अपना गाँव, अपना देस छोड़कर
निकला था वो
मैले-कुचैले एयरबैग लेकर
दो वक़्त की रोटी पर
एक चुटकी नमक
दो बूँद सरसों तेल
आधा प्याज के खातिर
जो गाँव में मिला नहीं
कटिहार से पटना तक
नहीं मिला

और जब निकल गया वहाँ से, तो
शौचालय के गेट पर
गमछा बिछाकर बैठ गया
और गन्तव्य तक
पहुँचने के बाद
भूल गया कि
वो कहाँ है, कहाँ का है
सीखनी शुरू कर दी
हर शहर की भाषा
पर स्साला बिहारी...
मुँह खोलते ही
लोगों को पता लग जाता है

देश के सभी बड़े शहरों में
वो झाड़ू लगाता रहा
बरतन माँजता रहा
रिक्शा खींचता रहा
ठेला चलाता रहा
संडास को हटाता रहा
मैला ढोता रहा
हर ग़म को
चीलम की सोंट पर
और खैनी के ताव पर
भूलकर, वह
बीड़ी पर बीड़ी जलाता रहा

गाँव पहुँचने पर भी
अभ्यास किया
तेरे को, मेरे को...
पर हर जगह जो मिला
सहर्ष स्वीकार किया
झाड़ू, कंटर, बरतन
रिक्शा, ठेला और गालियाँ
और लात-घूसे
और उतने पैसे, कि
वो, उसका परिवार
और उसकी बीड़ी, खैनी
चलते रहे

अपने टपकते पसीने में सिमेंट-बालू सानकर
उसने कलकत्ता बनाया था
अपने ख़ून में चारकोल सानकर
उसने बनाये थे दिल्ली तक जाने वाले सारे
राष्ट्रीय राजमार्ग

वज्र जैसी हड्डियों की ताक़त से
उसने खड़ी की थीं
बम्बई की सारी ईमारतें
फेफड़े में घुसे जा रहे रूई के रेशे से
खाँसते-खाँसते दम ले-लेकर
उसने खड़ा किया था सूरत

कितनी रातें भूख से जाग-जाग
रैनबसेरा पर उसने सपने देखे थे
लुधियाना, चंडीगढ़, हिसार से लेकर
जमशेदपुर, राँची, बिलासपुर, दुर्गापुर, राउरकेला
और रुड़की, बंगलौर तक को
सँवारने, निखारने के
अपनी आह के दम पर
उसने कितने,
मद्रास को चेन्नैई
बंबई को मुंबई
होते देखा था
उसे पता था कि
उसके बिना जाम हो जाती हैं
हैदराबाद से लेकर शिलांग तक की सारी नालियाँ

कितने पंजाब, कितने हरियाणा और
मध्यप्रदेश, छत्तीसगढ़ की खरीफ से लेकर रबी फसलें
उसी के हाथों काटी जाएँगी
फायदा चाहे जिसका भी हो

धूप ने
उसकी चमड़ी पर आकर
कविता लिखी थी
पसीने ने उसकी गन्दी कमीज पर
अल्पना बनाई थी

रंगोली सजाई थी
कुदाल ने उसकी किस्मत पर
अभी-अभी सितारे जड़े थे
रिक्शे ने अरमान जगाया था
कि अचानक उसकी बीवी
चूड़ी तोड़ देती है
सिन्दूर पोंछ लेती है
कि ठेला पकड़े हुए हाथ
अभी भी ठेला पकड़े हुए हैं
और गरदन पर
ख़ून का थक्का जम गया है
वो स्साला बिहारी
कट गया है, गाजर-मूली की तरह सामूहिक
बम्बई या गुवाहाटी में
और बीवियाँ चूड़ी तोड़ रही हैं
लेकिन साला जब तक ज़िन्दा रहा
जानता था कि
इस देश के
हिन्दू समाज के लिए
जितना सन्देहास्पद है
मुसलमान का होना
उससे ज्यादा अभिशाप है
भारत में बिहारी

साला यह भी जानता था कि
बिहारी होना मतलब दिन-रात
खटते मजूरी करना है जी-जान से
उसे मालूम था कि कहीं
पकड़ा जाय झूठ-मूठ चोरी-चपारी के आरोप में तो
नहीं बचाएँगे उसे उसके जिला-जवार के अफसर
बिहारी का मतलब वो जानता था कि
अफसर, मन्त्री, महाजन होना नहीं है

बिहारी का मतलब
फावड़ा चलाना है
पत्थर तोड़ना है
गटर साफ करना है
दरबानी करना है
चौकीदारी करना है

आवाज में निरन्तरता है—
ओय बिहारी
तेरी माँ की
तेज-तेज फावड़ा चला
निठ्ठल्ले
यू.पी-बिहार के चूतिये
तेरी भैण की
तेरी माँ की...।

लाल क़िला के इर्द–गिर्द

अक्सर लाल क़िला जाता हूँ
हफ्ते में एक रोज
एक वह भी है, जो
आती है वहाँ
जिसे देखते ही बढ़ जाती हैं
कुछ उत्सुकताएँ
जिज्ञासाएँ
और न जाने कितने शब्द
कि झटके में पूछ सकूँ
उसका नाम और अता–पता
उसकी शक्लोसूरत गवाही देती है
कि वो कश्मीर की है
उसी कश्मीर की
जिसे लाल क़िला का बादशाह
कभी कहता था 'जन्नत'....
लाल क़िला के इर्द–गिर्द बहुत कुछ है
पर मुझे दिखता है सिर्फ वह क़िला
और वो लड़की
जिसके अन्दर
इतिहास ही इतिहास है।

वह भी अक्सर आती है लाल क़िला
इस क़िले की इमारत से

पत्थरों की दीवार से
इतिहास चुराना चाहती है
वह कश्मीरी लड़की
जिसके एक गाल पर
फौजी बूटों के निशान
और दूसरे गाल पर
आतंकी घूसों की चोट।
शायद
उसकी छाती का एक-एक भाग
हिन्दुस्तान-पाकिस्तान ने
हथिया लिया है
और मेरे अनुमान से
अगर सुरक्षित है
उसकी जाँघों के बीच का कुछ भाग तो
जरूर अकेले में
उसे लड़की होने की
अहमियत का पता है।

वैसे लाल क़िला भी
दैहिक शोषण का शिकार है
साल में एकाध बार
दुल्हन की तरह सजाकर
देश के राजा द्वारा
फिर घोषणाओं के भ्रूण को
क़िले के गर्भ में मारा जाता है
क्या सुरक्षित है यहाँ?
लाल क़िला!
कश्मीर!
इतिहास!
लड़कियाँ!
या सिर्फ घोषणाएँ!!!

हरियाली का नया सौन्दर्यशास्त्र

कहते हैं जब,
झूठ बोलना पाप
और न्याय के लिए
सर पटकना अपराध
होता था
वो तब भी आता था
अहिंसा, नीति, ईमानदारी की बातें कहकर
पैदल चला जाता था

वो तब भी आता था
जब इस कथा में
फूलों की/ चाँद तारों की
हरी दुनिया की बात थी
चिड़ियों का भी स्वाभिमान था

अब इस कथा में
हरियाली का नया सौन्दर्यशास्त्र
रचा जा रहा है....

हरी चकमती पॉलिपैक में
पूरी धरती लपेटी जा रही है

कंक्रीट के पेड़ों के जंगल

इंसानी छातियों पर उग आए हैं
इंसानी आँखों पर ब्लेड मारकर
ख़ून गिराया जा रहा है
होठों को सूई-धागों से
सिल दिया गया है
माथे की गुद्दियों में
कम्प्यूटर का वायरस
छोड़ दिया गया है

इस कथा में अब—
चिड़ियाँ गाती नहीं
रोती रहती हैं
फूलों ने खिलना
छोड़ दिया है

प्लास्टिक की चिड़ियाँ
फुदकती हैं, गाती हैं
प्लास्टिक के फूल खिलते हैं
और वो तो, अब
बिल्कुल नहीं आता
क्योंकि वो तो,
किसी शहर में
राजमार्ग पर
मार दिया गया है

उसकी लाश के ऊपर
चारकोल की नदी बहती है
जिसके ऊपर
गाड़ियाँ तैरती हैं।

उसके होने पर प्रतिबन्ध

कभी
चलती मैना
बुलबुल और
चिड़ियों की अन्तहीन गाथा
सुनो...
एक गाथा है
दूर-दराज़ के
उस इंसान की
जिसे सीमा का मतलब
फौजी,
वीरानी
नये बूटों की आवाज़
गोलियों की धांय-धांय
सफेद कुर्ते के ऊपर ठिठकारी
ज़मीन पर गिरे ख़ून के छींटे
सड़े मांस की गन्ध
का मतलब पता है

क्योंकि उसे सीमा और सीमा पार की
समझदारी है
फिर कैसे वह
गिलहरी है
बिना धारियों वाली

बिना छिलके की मूँगफली

वो पतली सी
लम्बे बालों वाली
बिना बुर्क़े की
बड़ी-बड़ी पानीदार आँखें
बिखरे दाँत
तनी भौंहें
गोरी सी, पतली सी
लम्बी सी 'पाकिस्तानी लड़की'—
'नाज़िया युनूस'
पूरी फैकल्टी में शोर है
कोई यह नहीं चिल्लाता
नाज़िया,
नाज़िया यूनुस
या ऐ लड़की बस...
ये पाकिस्तानी
या 'मिस पाकिस्तान'...

'विश्वविद्यालय' मैट्रो स्टेशन पर
मुझे जोर से आवाज़ लगाती है
तो दूर कहीं
सितार बजने की
या ग़ज़लों की
आवाज़ सुनाई देती है
पर दरके आईने में
सूरत देखने में
डर लगता है
क्योंकि, मेरे गाँव की छोरियाँ
अभी कोसी किनारे
गाय हँका रही हैं
पोखर का भाखन

साफ रही है
मछली मार रही है

सब कुछ नाज़िया की आँखों में
पढ़ लेता हूँ
जिसकी दिल्ली
सखा नहीं तो
दुश्मन भी नहीं है
एक कौआरौर है
तूफानों में पत्तियों की खड़खड़ है

वह है
यही काफी है
तुम हो यही बहुत है
तुम्हारे होने के लिए नहीं चाहिए
ढोल-नगाड़े पर थाप
मेट्रीमोनियल में विज्ञापन
लाउडस्पीकर पर शोर

घनघोर झाड़ी बीच
पानी की छत पर
छपाछप नाव चलाता हुआ आदमी
या,
लोहे की भाती में
धौंकनी देता लुहार
औज़ार बनाता
जैसे सफल हो ही जाता है
वैसे मैं तुम्हें देख ही लेता हूँ
तुम हो,
हाँ हाँ तुम हो
तुम्हें देखने पर कोई प्रतिबन्ध नहीं है
न तुम्हारे 'तुम' होने पर....।

उस वसन्त के नाम

वो वसन्त की सरसराहट मुझे याद है
जिसमें कोयल की कूक की जगह
कोयल की चोंच से ख़ून टपका था
आम मंजर के धरती पर गिरने से
विस्फोट हुआ था
सरसों की टुस्सियों से बारूद बरसता था
और हवा में हर जगह
लाशों के सड़ने की गन्ध थी
झरने से रक्त की टघार और शाम
शाम काली रोशनाई में लिपटी
एक किताबी शाम थी
रातों की दहशतगर्दी और सन्नाटे
कुत्तों की कूंहू...कू...कूंहू से टूटने थे
एकाएक सारे कुत्ते जोर-जोर से भौंकने लगे थे
एक-एक कर चीथड़े कर रहे थे
इंसानी मांस के लोथड़े
कहीं हाथ, कहीं पैर, कहीं आँख, कहीं नाक
और हर जगह ख़ून
ख़ून-ख़ू...न...ख़ु...ऊ...न
पानी की जगह ख़ून
एक वसन्त के
रचने, बसने, बनने, गढ़ने, बुनने, धुनने की
किताबी प्रक्रिया से दूर...

प्रतिकार में पंक्तियाँ

और तुमने मुझे
न किया होता जलील
न दिया होता विष अपमान का
हर मुलाक़ात में
पानी की जगह पर
न कुरेदा होता
तमाम पुराने ज़ख़्मों को
नहीं की होती खिलवाड़
भावना से, स्वाभिमान से

एक ज़िन्दगी में
जी लेने के बरक्स
महज साँस लेते रहने के लिए
दीवारों पर सर पटकने के लिए
इस कदर, दर-ब-दर
न छोड़ दिया होता

अपनी ताक़त के दम-खम पर
दुःखों का हिन्द महासागर
मेरे नाम न किया होता
तो मैं भी तुम्हारा बिल्कुल होता
अपना होता

सरदर्द होने पर सर दबाता रहता
और सोते समय पाँव

नहीं झपटता तुम्हारे ऊपर
बाज की तरह।

द्वन्द्व हाज़िर है

तब
जबकि
कविता को
मखमली सेज पर
सुलाकर
अंग प्रत्यंग को
क्षत-विक्षत कर
सारे कवियों को
धुनकर
डालेगा वह
अपने तोसक में
गद्दों में
रूई की जगह
तब भी...
धुनी हुई रूई से
तोसक-रज़ाई से
निकलती रहेगी
कविता अनवरत
फिलहाल
रुकावट और
सम्भावना का
द्वन्द्व हाज़िर है...।

इसी सदी में

कवि ज्ञानेन्द्रपति को सादर

गुस्से में बड़बड़ाता
शान्त हो जाने की चेष्टा में
खींझता
शान्ति
शान्ति... (जैसे)...
जामुन गाछ की
फुलंगी पर चढ़ गई
धूल-मिट्टी सने पैर
देह पर चढ़े
बदबूदार कुरते को
कोने में लगी
काँटियों में टाँग
अलबत्ता
खाना खाने की फ़िक्र में
फाँकते रहता
कई दफे
भूना अरबा चावल

कि अनायास
याद आते
खुरपी चलाते
गमछी में लिपटे
इस दौर के रीयल

'हाफ़ नेकेड बेगर'
होने के हकदार
'पिताजी'........(!)
जिनका शहर प्रवेश होगा
एक आदिमानव द्वारा
सभ्यता हनन
याद आती है
टाँकी सूती साड़ी में
अपनी गार्हस्थ ज़िन्दगी की
उम्मीदों की
रूपरेखा खींचती,
माँ....

और जो कुछ
बचा होता है
उस प्लास्टिक के डब्बे में
उसे चबाकर
पानी के सहारे
निगल ही लेता है
पुराणों में वर्णित
'नीलकंठ-कथा' की तरह

फिर निकलता है
सुबह होने पर
सूरज के साथ-साथ
सूरज अपने पाँव की चप्पल कितना
घिसता होगा
शायद इसी अनुमान में
और कि सूरज का कद
कितना ठिगना पड़ गया
क्या गोलाइयाँ कम हो गयीं
इन दिनों?
वह और सूरज

साथ-साथ चलता है दिन-भर
फिर एकाएक
सूरज छिप जाता है
किसी ऊँची ईमारत के
पिछवाड़े में
और छोटी-बड़ी
सभी इमारतें
उसका मुँह चिढ़ाती हैं
उसे देख अट्टहास करती हैं
इन दिनों
हर महीने के
पहले सोमवार से
आखिरी सोमवार तक

इसी इक्कीसवीं सदी—
विकास की सदी में वह
जीता है
रोज-रोज मरता है
फिर जी जाता है
हत्या के बावजूद
चीखता भी
चिल्लाता भी
और फिर
चुप भी होता है
गुम भी
इसी सदी में
क्योंकि वह
इस सदी का
सबसे उपेक्षित मनुष्य है
जो संवेदनशील है
ईमानदार है
और शायद बेरोज़गार भी...

रोटियाँ

शाम की
काली स्लेट पर
सितारों की खड़िया से
लिखी जाती
कविता या बारहखड़ी
तब तक
दिन भर में
जंगलों से चुनी
पत्तियाँ और सूखी
टहनियों को
ईंटों से बने
चूल्हे में
झोंकते-झोंकते
सेंक ही लेती है, वो
पाँच-सात
मोटी-मोटी
रोटियाँ
एक विश्वास कि
शाम, कविता, बारहखड़ी
जंगल, चूल्हा
रोटियों के निमित्त
बने हैं...

कुछ ऐसा न हो जाय कि ...

डॉ. योगेन्द्र के लिए

कुछ नहीं
कुछ भी नहीं
कुछ दूर पर
कुछ चीज़ों के लिए
कुछ चीज़ें
कुछ होने के लिए
कुछ हो जाय

कुछ ऐसा
कुछ ऐसा न हो जाय कि
कुछ समय में
कुछ लोगों के लिए
कुछ लोगों की
....
....
बलि दे दी जाय!

वितान

साँसें भीत की कोठरी में
किवाड़ के पीछे
हुमक रही हैं

चेहरे पर गोटी चिह्न
जैसे भारतीय राज्य
केन्द्रशासित प्रदेश
जैसे चमचमाता वर्ल्डमैप

जवानी और स्वत्व
जिसकी तलाश
सैंतालिस से आजतक है

इच्छाएँ कई, कि ...
भर सके
खाली बखार में
कई मन अनाज

इसी वैशाख में
बियाही जाएँ
तीनों बेटियाँ
मेहरारु हाथों मिले
लाल पनझाली चावल का भात
कबई माँछ

होली दिवाली
पहिन घूमे
नया कुरता
चकचक धोती
मेहरारु को दे सके
सोन सितफूल ...

कोसी कछार पर

(एक)

वो बहती रहती है
हिलकोर लेकर
उबाल मारकर
लुप्त करना चाहती है
कुछ घरों को
उसमें सिमटे-चिपके
इतिहास के धूसर पन्ने को

एक तूफानी लहर
बौराई आवाज़
अट्टहास
धिक्कार और कई चिक्कार
समा लेती है अपने अन्दर
चन्द लम्हों में
उलझा लेती है
अपने गेसुओं में
ज़िन्दगी के कई क़तरे
और अपनी ज़मीं पर
पोत लेती कई रातों की सिहरन,
कई कलंकों की कालिख,
कई घरों की बद्दुआ

क्योंकि वह चिड़िया नहीं/औरत नहीं
हहराती हुई खौलती-उबलती नदी है
जिसके कछार पर भी डर लगता है
क्योंकि वह नहीं जानती
सजीव संवेदना
वह जीवित है
अपनी लहरों के सहारे
बचपन, जवानी, बुढ़ापा
प्यार की हुरुफ़े-तहज्जी
सब लहरों के नाम
वह नहीं जानती
कि उसके अल्हड़पन,
बेहयायी हुड़दंग चाल से
तबाह हैं हरेक बरस
कई जान-माल
पर कैसे समझेगी तू?
कैसे बुझेगी तेरी प्यास?
तू शायद प्यास बुझाने आती है
पर ऐसे कि
गला फट जाता है
नाक से लहू टपकता है
यही एक मग़जमारी है
कि तुम्हारे जाने के बाद
कई दिनों तक बुखार की सिहरन
और तपती रहती है उनकी देह
मच्छरों की घिनघिनी
मक्खियों की भिनभिनी से ग़ायब
उनकी रातों की नींद और दिन का चैन
अजीब दुश्चिन्ता और कँपकँपी
कि फ़सलें कहाँ गईं?

हरी-हरी फ़सलें...
और वे उठते हैं हतभागे
छाती भर पानी में जाकर
अपने भासे छप्पर को उठाते हैं
बाँस के सहारे गाड़ देने की
नाक़ामयाब कोशिशें करते
बार-बार, बारम्बार।
रोती रहती हैं कई माँएँ,
बहनें, बीवियाँ और बच्चे
उनकी आँखों का पानी
टपटप गिरता है निरन्तर
और तुम्हें मज़बूती मिलती है
इन इंसानी आँसुओं से
रोओ-रोओ मेरे गाँव की माँ-बहनो
क्योंकि कोसी की हहराती धार
तुम्हारी आँखों से ही निकली है
रोओ-रोओ कोसी कछार की 'सीताओ'
क्योंकि 'राम' अनिश्चितकालीन
अज्ञातवास में गया है तुम्हें छोड़कर
और तुम—
चिग्घाड़-चिग्घाड़कर बहो
मेरी कोसी हर बरसात में
क्योंकि तुम्हें मानवीय आँसुओं से
प्यार है, प्यार है, प्यार...

(दो)

एक गर्भस्थ शिशु
माँ के गर्भ से निकल
इसी धरती पर

आने को व्याकुल, जहाँ...
चारों तरफ़ फैली महामारी
भासी हुई ज़िन्दगी के क़तरे
भासे छप्पर
तबाह फ़सलें और जान-माल
सड़ी-फूली लाश
चिक्कार करते हतभागे
चीख़ती माँ-बहनें, बच्चे-बूढ़े,
लाशों की पैरोकारी और
मुआवज़े का थूक घोंटते परिजन
वो शिशु बिना दूध-दवाई के
जन्म लेने के बाद
अपनी नग्न आँखों से
कैसे देखेगा
कोसी की कछार...?

गाँव : एक वृत्त-चित्र

रेणु और नागार्जुन के गाँव को देखकर

ढोलक पर दनादन
ताल देता ढोलकिया
करताल की झन-झन
हारमोनियम पर
ऊँचे सुर में
भास मिलाता गवैया
पैरों में घुँघरू बाँधे नचनिया
चहुँ ओर महके मेंहदी की गन्ध
हाथों में दीखे लाल-लाल
टेस — लाल
हाथ — लाल
पैर — लाल
पैर के चप्पल — लाल
लाल - लाल
चूड़ी — लाल
मेंहदी का रंग लाल
सुन्दर सुहागिन माँग बीच
गह - गह सिन्दूर लाल

कोई बाबा नागार्जुन
कोई बाबा रेणु आकर
खींच ले जाए

इस दृश्य में से सबकुछ
लाल — मेंहदी
लाल — चूड़ी
लाल — चुनरी
लाल — सिन्दूर

याद उसे आए हरदम
तरौनी ग्राम
औराही हिंगना
लीची और आम
कुएँ की बाल्टी चोरी
गाँव में अस्पताल स्कूल
स्कूल में मास्टर
कोई बाबा इस धरा को धन्य कर
कोई बाबा यहाँ से अन्तिम प्रणाम लेकर
निकल पड़े अनन्त–यात्रा पर
कोई बाबा देखे अटरिया पे तारा टूटा
हाय ग़ज़ब कहीं तारा टूटा...
कोई बाबा बनाये चित्र कहानियों में
अपने गाँव के विश्वसनीय
गाँव जिसे आजकल
काटकर मिलाया जा रहा है
शहर में पूँछ की तरह
किसी भयानक जानवर की पूँछ
बनकर हिल–डोल
कर रहा है, बाबा
आपका अपना गाँव
सुन रहे हैं न बाबा!

कहते हैं देश के

आलाक्रमान देश के गणतन्त्र की
चौसठ–पैंसठ–मार रहे हैं
और बाबा कहीं मरुआ-रोटी
नोन-तेल-पियाज, कच्चा-मिरचाई
के लिए
बैठे हों धरने पर
और पुलिस लेकर चले जाएँ उन्हें
जेल में दाल-रोटी खिलाने

बाबा बाबा !
आओ गाँव देखने के लिए कि
किसी विधवा की जवानी की कहानी
बनकर रह गया है अपना गाँव...

उस गाँव के नाम

मसोमात की आँखों से
टपकती टकटकी
और चेहरे की झुर्रियों से
छूटते चले जाने का दर्द
जर-जनानी की
कूटनी-पिसनी
उखड़-समाठ
घानी-लावा
भूजा-कनसार
सिल्ला-लोढ़ी
खल-मुसड़ा
ढेकी-डेकची
असला-तसला
तकली-चर्खा
सामा-चकेवा
सोहर-समदान
बटगमनी-परछनि
ठुमरी-कजरी
एक-एक कर मिटता चला जाता है
बाबूजी का बखार
हल-बरद
चीलम का सोंट
मचान-टाट

जाफरी–फटकी
घरबान्ह–नरगल्ला
बुढ़ऊ–बूढ़ी गाँव में
और धड़ल्ले से गायब
बारहों बरन का नौजवान
मेरे गाँव से—
चैनपुर गाँव से
जहाँ दू सुपती चैन
अब उधार में भी नहीं मिलता
दौड़ते हथियारबंद
दौड़ता हुआ चैनपुर
सटता चला जा रहा है
शहर सहरसा से
देवी थान
मोबाइल टावर
रोज ऊँचे हो रहे हैं
पुबाय–पछबाय टोला
मछर टोली और चिकनी टोली की
दूरियाँ कम हो गईं इन दिनों
बाभन–सोलकन
संग–संग
भाग रहे हैं
विधायक के
पायजामे के पिछुवाड़े में
छौड़ियाँ संगबैया संग
मोबाइल पर हरदम
व्यस्त रह रही हैं
अप्पन–पितियौत के
उट्ठम–बजरा में
व्यस्त...
सूर्य अस्त चैनपुर मस्त
चैनपुर का चैन अब

नरसिंह झा इनार में
भसिया गया है
धेमरा धार में
दहा गया है...।

माँछ–मछरी, बारहखड़ी

सुबह की
अलसाई–बौराई
किरणों को धोखा देकर
बिना चप्पल के
कन्धे पर जाल
हाथ में बंसी
मुँह में दत्तन लेकर
निकल पड़ता है वह
अब जबकि
फरीछ होना बाकी है
नई किरणों से
कविता लिखना बाकी है
वह निकल जाता है
सूरज से आगे कि
उसके लिए नाश्ते की प्लेट
बिसलरी की बोतलें
नहीं बनीं
फिर भी
वह निकलता ही है
घर से आगे
आगे–आगे वह
पीछे–पीछे कुत्तों की सेना

माल–मवेशी की टुनटनी
चरी में ले जाते लोग
बथान पर दूध दुहने की आवाज़ संग
नाव बढ़ाता
डोंगी चलाता
चप्पू चलाता
ताल मिलाता
जाल गिराता
आगे बढ़ता जाता है!

और उसका बेटा बिना कूँ–काँ के
बंसी में बौर लगा
किसी पोखर में गिरा
'कबई', 'माँगुर', 'कतला', 'रेहू'
फँसने की आस में
दिनभर वकोध्यान में
घंटों बाद
बंसी में बझती मछरी
कोई एक
'पोठी' या 'खेसरा' !

और वह
मछहा जाल
नाव में रख
दूसरा जाल फैलाता
और छपाछप नाव चलाता
आगे बढ़ता
सूरज से आगे
पर सूरज,
उससे तेज चलकर

देता उसको पटकन

घाम से बदबूदार
उसकी लँगोट का नाड़ा
जब ढीला पड़ने लगता है
और कादो-कीचड़ से
सनी देह पर जब
तेज खुजली होने लगती है
वह समझ लेता है—
'दिन ढल गया है'

औने-पौने दाम ले-देकर
पैकार सारा माँछ ले जाता है
और खाज से सड़े
अपने हाथों की उँगलियाँ की
सफाई से बची
एकाध टोकरी लेकर
वह और उसकी घरनी
पहुँचते मछरहाट
जहाँ सिक्कों की
रोशनी से
शाम की धुँधलकी
छँट जाएगी।

इसी बीच
उसका बेटा
घर के लिए
दो-चार ले ही आता
छोटी-बड़ी मछरी
और रात पर

कविता लिखे जाने से
पहले ही
किसी तरह
अपनी टूटी स्लेट पर
ढिबरी की उजास में
लिख ही देता है
बारहखड़ी...।

लुक्का

शाम की धुँधलकी के बाद
गहराता अन्धकार
आम के घने बगीचे में
पसरकर ऊँघती रात
वन बिलाड़ और लोमड़ी के
हूहू ... हू ... ् ... ऊ ... हू ... में
कि जैसे स्वरों में धुन मिलाता संगतकार

एक तरफ भकभकाकर जलता लुक्का
कि अँधेरे को चुनौती देकर आता हो अंजोर
किरणों के साथ रात की गेसूओं से बाहर आता सूरज
पानी की छाती पर चकमक
चिड़ियों का चहकन
द्रुतविलम्बित में माल-मवेशी की बाऊँ-बाँ......उँ....
राग भैरवी
अहिल्या-विलावल
टटकी ओस बूँद का टपकना, गिरना, सूखना, बिखरना
बिखरकर खो जाना

इसी तरह लुक्का
गहनतम अन्धकार फाड़ने को व्याकुल
वह लुक्का जो

कच्चे बाँस की मोटी लाठी में
कपड़े लपेटकर
भकभकाकर जला है

मेरा बदन दिनभर की रखबारी से
गत्तर-गत्तर टूट रहा है
घुटने पैर को फाड़कर निकलना चाहता है
दर्द बढ़ता जाता है।
ये वो दर्द है जो मुझे
सीधे खड़े होने की ताक़त देता है
अलसुबह रोजाना
तबतलक जब सूर्य को
माया लपेटने का समय मिले
मैं लुक्के में कपड़े लपेटूँ
करियाई रात में लुक्का की रोशनी
बगीचे की रखवारी के सहारे
दीना-भद्री के गीत गाऊँ
राजा सलाहेस की कथा सुनाऊँ
कि रुका हुआ समय
मछलियों के साथ
दो-दो फुट ऊपर
पानी पर उछल जाय ...

माँ, पूजाघर और जीवन

अनोखे लोक में विचरती माँ
संशय, डर, आतंक का समूचा कोलाज
सहेज लेती है
उसे मालूम है कि
अभी पूजा-घर से बाहर निकलकर
अवतार ले ही लेंगे 'कल्कि'

यूटोपियन बैकुंठ में
सदा बिराजती है माँ
टोकने पर ही वहाँ से वापस आकर
दशावतार-गाथा कहती है

हजारों किलोमीटर दूर हूँ माँ से
पर माँ की जलाई हुई धूप-अगरबत्ती की गन्ध
यहाँ तक आ रही है
कपूर और सरसों-तेल, रूई की गन्ध
माँ की नई साड़ी से आ रही है

अगर मैं बच्चा हो जाता
और बीस साल समय पीछे हो जाता
तो माँ के आँचल में छिपकर लुक्का-छिप्पी खेलता।

पिता के नाम अन्तिम पत्र

पापा,
मेरे पास कोई और चारा नहीं था
मोबाइल से कॉल जाना
मुश्किल था, चालीस पैसे बचे थे
एसएमएस पैक बन्द थे
इंटरनेट से आपसे बातें नहीं हो सकतीं
ऊपर से कैफे में बैठने के प्रति घंटे पन्द्रह थे

जेब में साढ़े सात रुपये थे
पाँच रुपये का लिफाफा खरीदकर ये पत्र...
कि ढाई रुपये बच रहे हैं
सिगरेट पीने की इच्छा से
कंठ में सुरसुरी हो रही है
पचास पैसे में तीन बीड़ी खरीदकर
उसे पीते हुए पत्र लिख रहा हूँ
जैसे मुक्तिबोध लिखते होंगे 'कविता'

पापा,
इस नालायक बेटे ने आपकी प्रतिष्ठा
मिट्टी में मिला दी
इसीलिए माफ करिएगा

पर अब
गाँव वापस आने का मन करता है
ताकि मिल सके माँ के हाथों सुस्वादु भोजन
समय निकालकर आपके साथ खुरपी, कुदाल चलाऊँगा
खेत पर जाऊँगा, आम की रखवारी करूँगा
माछ मारूँगा

इस मजूरी में पेट भरना मुश्किल है
ऊपर से आहि रे दिल्ली.... !
जान बचाना मुश्किल है पापा...

पुरोभागी

मैंने तुम्हें देखा था
जब खेतों में
पीली सरसों टुहटुहाकर लहलहाई थी
आम मंजर बौराये थे
मछलियाँ एक-एक फूट
तालाब-जल से
ऊपर उछलती थीं

मैंने तुम्हें देखा था
जब नई दाउन के बाद
कूटे गये चूड़ा पर
दही और गुड़ सानकर
नवान्न होने के लिए
खुशबू और मिठास का बरसना
एकदम जरूरी था
और जब कबई माँछ संग
लाल देसरिया चावल के भात पर
दो फाँक प्याज मिलता था

तुमने मुझे देखा था
जब मेरी लुंगी पर
कोठारी गंजी और गर्दन पर गमछा
हुआ करता था

बाहर निकलने पर
ब्रासलेट धोती पर
अद्धीमलमल कुरता पर
चकाचक सदरी थी
मूँछ पिजाकर चलते थे हम

और मैंने तुम्हें देखा था
साउथ-सिल्क साड़ी में
सोन-सितफूल में
सोन-गहना में
तुम्हारी वो बिछिया
महावर लगे पाँव
गउना की रात में
चँगेरा में कैसे-कैसे
चल रहे थे
उस मंगल गीत के स्वर पर
"दुलहिन धीरे-धीरे चलिअउ"
ससुर गलिया...।

मैंने तुम्हें देखा था
जब हमारे पास लाज थी
तुम उस पहली रात
कैसे लजायी थी
लेकिन कँपकँपी का जवाब कँपकँपी से
तेज साँसों का जवाब तेज साँसों से
देती जाती थी

भोर में बदन जब
मीठे दर्द से भर रहा था
तुमने मुझे देखा था
तुमने मुझे
उसी तरह देखा था
जैसे कि मैंने तुम्हें देखा था।

धुकधुकी

पकी गेहूँ की बाली पर
गिरे पछवा बयार के बाद
झुके शीश की तरह
खेसारी-तीसी की रुनुर-झुनुर
बगरो की चुनचुन-चुनमुन
डभके पपीते
पुरैनी पात पर
गिरे ओस की बूँद
शान्त ग्राम्य पोखर
भोर के साथ
प्रभाती का समवेत स्वर

छेंचें-छेंचें ... छें...चें
और वो गाय दूह रही है
भरी डेकची दूध
बाप को थमाकर
भड़के साँड़ की तरह
बथान पर से
भागती है दूसरे काम

चिन्तित मंगनी मंडल इक्कीसवीं सदी में
दुश्चिन्ता से सिर धुनता है

थ्रेसर की धुकधुकी
की तरह
धड़कती है
उनकी छातियाँ... कि...
हरेक गाँव के...
हरेक मंगनी मंडल की
हरेक बेटी रूबिया
जवान हो रही है...।

बिधकरी लाल दाइ...

केले के भालर
की तरह काँपती
जवानी के बीच
सिल्ला-लोढ़ी
घिसर-घचर
पीस रही है
भाँग, भँगरैया, कुतरुम
जाँता में
अरबा चावल के साथ
धीरे-धीरे
पीस रही है अपनी जवानी
हर टोले के
सामा-चकेवा
सोहर-समादाउन
बटगमनी-परछनि
से सोइर घर
बिधकरी बनने तक
हर संस्कार में
हँसने-रोने की कला संग
मशगूल रहती है
हरेक गाँव के
हर टोले की

एक लाल दाइ

लाल दाइ का नाम
विज्ञापन का एक सामान है
जिसके बिना
उदास रहता है
यज्ञ-याजन
लाल दाइ
एक नाम है
जो कुँवारी कन्या को
शादी-शुदा बनाने से लेकर
माँ बनने के बीच तक की
सोलहों कला सिखाती है
रचने-बसने का
गुड़-हल्दी खिलाती है
सन्ताप की शिला-लेखा के बीच
जिसके अग्र और पश्च
सिर धुनती रही
मैथिली आजन्म

लाल दाइ पिहुआ है
जिसको दुधिया पिठार पर
गेरू से बनाना होता है
स्वस्तिक
लिखती रहती है
कोहबर की दीवार पर
'अचल रहे अहिबात...'
अहिबात की पातिल को
रख देती है
चाड़ पर.... ।

कथकही

वो किसी भूख से ऊपर उठी थी
जठरागिन से
कितने मौसम बीते
घड़ियाँ सुहानी बीतीं
काजल से कारी रात बीती
बादल से भीगी बात बीती
कितने सुख बीते, उन्माद बीते
राग-मल्हार बीते, फूल हरसिंगार बीते
कितनी लड़कियाँ स्त्री बनीं
कितनी सुहागिनें विधवा हुईं
गाँव की
उसकी कथा तब भी चलती रही

उस कथा में
महकी दिशाओं में
चाँद चकोरी की
परियों की कहानी थी
वो ना दादी थी ना नानी

वो कथकही थी गाँव की
जो कथा सुनाती थी
घूम-घूमकर दूर-देहात में
तब टेलीविज़न में सास-बहू नहीं थी
तब वही सुनाती थी गौरी-शंकर व्याह के किस्से

वही कहती थी राधा-कृष्ण की केलिक्रिया
और नववधुएँ लीन होकर सुनती थीं

सिर्फ़ दो पल्ला साड़ी, दो साया और दो ब्लाउज़ कटपीस
सौंफ-सुपाड़ी, नारियल तेल, कह-कह सिन्दूर
भरपेट भोजन कई साँझ तक के
लोभ में

वो कथाएँ सुनाती थी, तो
हम सब उठ कर पानी पीने भी नहीं जाते
वो पूरी कथा को बेवाक और विश्वसनीय हो कहती
क्या-क्या हुआ था पुष्पवाटिका में
जो बातें रामचरित मानस में नहीं थीं
जल-भुन जाते उसके ज्ञान से
बड़े-बड़े तिलकधारी,त्रिपुंडधारी,शिखा-सूत्रधारी पंडित-गण
पर उसका कुछ नहीं बिगड़ा,
कथाएँ चलती रहीं अनवरत

पर कथा से पहले
उसने भी महसूस किया था
महुए की टप-टप से
अंग-अंग में घूमता आलस्य
बेला-चमेली-चम्पा की महक में
वो भी कभी उन्मादित हुई थी
गजरे की महक से
कई रातों में सिहरती थी
काजर सी करियाई रात में
अपने नितान्त नीजू क्षण में
उसके भी अंगों को किसी ने बड़े प्यार से
सहलाया था
हौले-हौले होने वाली चुम्बन की

सिहरन में वो भी कभी
अलमस्त होती थी

अपने साथी संग उसने भी बिताये
सुख के कई दिन, प्यार की रातें
कई मास
रोहिणी, स्वाति
और आर्द्रा नक्षत्र

उसने कभी मुँह नहीं देखा था स्कूल का
कोई भी किताब नहीं पढ़ी थी
पर विद्यापति पदावली के गीत जब सुमधुर कंठ से गाती
'पिया मोर बालक हम तरुणी ....'
तो शान्त हो जाते सभी
कुछ पल के लिए लगता कि
हमें स्कूल तो नहीं जाना चाहिए
पर हम भी जैसे-तैसे स्कूल जाते रहे
उसकी कथाएँ चलती रहीं
चलती रहीं

कहते हैं; कि उसे
कथा से पेट भर भात
नहीं ही मिला कभी
अभाव से बुनी हुई कथा
अभाव में ही बनकर
पूरी भी हो गयी
गाँव में कई सालों से
बहुतों क्वारियाँ सुहागिन बनीं
पर गाँव में फिर कोई नहीं बनीं
कथकही।

मधुश्रावणी में लड़कियाँ

(एक)

अभी सुबह के तीन हैं
दालान के मचान पर
गहरी नींद में
कि अचानक
पायलों के घुँघरू की
रुनुर-झुनुर, रुनुर-झुनुर
लहठी[1] चूड़ियों की खन-खन
लाल साड़ी ऊपर लाल चुन्नी की खसर-पसर
नवव्याहताओं की हँसी-खनक
और नींद खुलती है, कि
मेरे दालान पर की
फुलबाड़ी की जाफरी (फटकी) खोल
अड़हुल, अपराजिता, कनेर
बेला, चमेली, चम्पा
तोड़कर रख देती है
फूलदानी में
मेंहदी और आलता सजे
हाथ की अँगुलियाँ
कई-जोड़ी लड़कियाँ
कहीं से एक बूढ़ा

खाँसता हुआ चिल्लाता है
....हे, हे.. के छी[2].... ?? हे, हे...
और उन महावर सजे
पैरों की बिछिया
ज़मीन पर रगड़ मार
दौड़ने लगतीं हैं

(दो)

मधुश्रावणी में लड़कियाँ
सजाती हैं फूलों की सेज
तेरह दिनों तक
अरवा सात्विक फलाहार
सद्य:स्नाता होने के बाद
आलने में टाँग देती हैं साड़ी
और बालों को कसकर
बाँधती हैं-'खोपा'[3]
कोहबर में पूजती हैं
गौरी-बिसहरा
अचल सुहाग का
आशीष लेती हैं
कथकही[4] से सुनती हैं
गौरी-शंकर व्याह के किस्से
लोककथाएँ, लोकगीत
एकरा-फेकरा[5]
आहिबात-पुरहर[6]
ईत करेला तीत करेला
ढोलक, झाल, करताल

जर–जनानी, गीत नाद
कथा के संग दिन भागता है
घर साँझ दिखाने की
कोशिश में
कर में मंगलदीप लेकर
चलती हैं लड़कियाँ....

(तीन)

लगातार तेरह दिनों का क्रम
और तेरहवें दिन
भार–दौर[7], भरिया[8] संग
आते हैं पिउ
समधी का छप्पन प्रकार
लगता है मधुश्रावणी में
और तेरहवें दिन
बिधकरी[9] दाग देती है
टेमी (बाती) से
लड़की का घुटना
इस्स्स...स...स...
जैसे दागा जाता है
त्रिशूल से
कोई बाछा
किसी बृखो श्राद्ध[10] में
बड़े बुजुर्ग
मीठी आवाज संग
मैथिली में फुसफुसाते हैं
जिसका अनुवाद है—

गाय होती हैं बेटियाँ...
गोधन, गाय, गोधन
भनहि विद्यापति गाओल रे....
'बतला दे प्यारे पिहु कहाँ'[11]...??

मधुश्रावणी – *मिथिला में नवदम्पती का पहला सावन मधुश्रावणी कहलाता है। मधुश्रावणी मिथिलांचल में धूमधाम से मनाया जानेवाला पारम्परिक लोकत्योहार है। इसमें लड़कियाँ तेरह दिनों तक लगातार सात्विक फलाहार, दूध, खीर, चूड़ा-दही खाती हैं, बिना नमक, शाक-सब्जी खाकर रहती हैं...। सजे कोहबर में फूलों की सेज और गौरी-बिसहरा देवी को पूजती हैं। सुन्दर चित्रकारी से सजे दो पड़ों के ऊपर दो अखंड दीप जलाती हैं, जिन्हें क्रमशः अहिबात और पुरहर कहते हैं। अहिबात पार्वती का और पुरहर शिव का प्रतीक है*

1. लाख की चूड़ियाँ, 2. कौन है?, 3. जूड़ा, 4. कथा सुनाने वाली स्त्री, 5. लोकोक्तियाँ, 6. शिव-पार्वती का प्रतीक, 7. ससुराल से आने वाला सामान, 8. भार लाने वाला, 9. जो महिलाएँ विधि-विधान (रस्म) दुल्हन से करवाती हैं, 10. जिस श्राद्ध में बछड़े को दागा जाता है, 11. मिथिला की प्रसिद्ध बटगमनी लोकगीत।

सत्य से साक्षात्

दायित्व की पूर्ति के नाम पर
पूर्वाग्रह मुक्त
पूर्णतः आरक्षित
सभ्यता का इतिहास
एक कविता
जिसमें आँख से लेकर पूरी देह का
नमकीन सत्य रिसता रहता है
बहता रहता है

कभी रिसता है
कभी टपकता है
कभी बहता है

कविता की दुनिया का सत्य
आँखों की भाषा में निहित सत्य है
देह का सम्पूर्ण सत्य
कविता का सत्य है
जिस सत्य में
सभ्यता के इतिहास का सम्पूर्ण विवरण है
जिसमें हमेशा
भय और भूख के साथ युद्ध में
आदमी ही जीतता है

कविता की दुनिया में
जीने का अर्थ
खून, आँसू और पसीने को
निरन्तर पीते रहना है
आदमी के सत्य को
जानने के निमित्त।

आगमन की सूचना

जिम्मेदारी के नाम
आँख से लेकर
पूरी देह का नमकीन सच लेकर
मैं बार-बार आऊँगा
रिसने-टपकने-बह जाने के निमित्त
मैं आऊँगा
आँखों की भाषा
और सभ्यता के इतिहास का घोषणा-पत्र लेकर
भय और भूख को हराने वाले
हर आदमी में प्रवेश कर जाऊँगा
कविता बनकर
बाहर आऊँगा

मैं बार-बार आऊँगा...।

मैना के बहाने

पीली चोंच में हज़ारों साल का दंश
हृदय के कोने से चेंहाकर
मिरमिराई आवाज़
आर्तनाद में कई आतंक/कई संशय
वक्ष में छिपाकर
सामने चहकती मैना—एक

अपने दल से अलग
पहाड़ी वनस्पतियों की हवा खाकर
उतरी है दरवाजे के पास
कुछ कहना चाहती हो जैसे
अपनी गोल आँखों से
चोंच खोलकर चें...चें...
जैसे किसी को बुला बुलाकर थक गयी हो
कोई कातर-पुकार

मैना के करीब जाकर
उसके दु:ख को टोहने की कोशिश करना चाहता हूँ
क्या पहाड़ के उजड़ने का उसे दु:ख है
या नदियों के पानी के सूखने चिन्ता?
क्या हरियाली नष्ट होने का उसे दु:ख है
या विस्तृत आकाश पर छाई परायी सौतन सत्ता से परेशान है वो?

ऐसे अनगिनत प्रश्नों से घिरता जाता हूँ
अगर मैं सालिम अली होता तो
सब समझ जाता
कालीदास होता तो
उसके दुःख निवारण हेतु
आषाढ़ मास के बादल का पहला टुकड़ा
उसके नाम कर देता
और उसके नायक के विषय में पूछता जरूर
बुलेशाह होता तो भी
उस हीर की आँखों को पढ़कर
उसके प्यार को समझता
और भी बहुत कुछ होता तो
बहुत कुछ करता -

पर अभी जो कुछ हूँ
उससे इतना ही कह सकता हूँ कि
इस वक्त ये मैना
बहुत दुःख में है
और हम हैं कि,
कुछ भी नहीं कर पाते इसके लिए
सिवाय इस कविता को लिखने के।

मेरी ज़ुबाँ को पनाह दो

आधी रात के बाद
सपनों की दुनिया से
इत्तफ़ाकन लौटा
पानी पीया, टार्च जलाकर
जैसे ही सामने देखा
तो मीर, ग़ालिब और मोमिन थे
बेवस और लाचार
बोलते वक़्त हकलाते थे
मैंने कुछ पूछा
पर उनका जवाब जो कुछ आया
उसे सुन पाने की कोशिश में
लगातार लड़कर अपने आप से
फिर लेट गया बिस्तर पर
सिरहाने के पास
फिर कई परछाइयाँ थीं
जोश, फैज़, मज़ाज़ और दाग़ जैसी
उन्होंने सम्मिलित स्वरों में कहा—
''बेबस और लाचार शायरों को
भूखा, नंगा देखो
अवाम के लिए लड़ने वाले
लोगों की फौज़ है यह
जिस पर हँस रहे हैं कई लोग

आशिक़ाना अंदाज़ से शायरी नहीं होती मियाँ....."

और लम्बी कतार बढ़ती आ रही
हमारी ही तरफ
बढ़ती आ रही है – "जुनून में
कि दामन की चाक और
गिरेबाँ की चाक का
फ़ासला मिट जाए"
चंद लम्हों के लिए
मेरी जुबाँ को भी पनाह दो

मेरी जुबाँ को पनाह दो, कि
इस जुबान को होठों के साथ
सिल दिया गया है
निकलने से पहले
दफ़न हो जाती है मेरी जुबाँ

और मेरी जुबाँ को पनाह दो, कि
मैं अमन के लिए पहल करना चाहता हूँ
मैं हर बच्चे को दूध के साथ
देखना चाहता हूँ
आदमी को ज़िम्मेदार देखना चाहता हूँ
इतनी सी बात पर इल्तज़ा इतनी कि
सिल दी गई मेरी जुबाँ

मेरी जुबाँ को पनाह दो कि
मेरी जुबाँ ज़ब्त होठों के बीच
फड़फड़ाती है
मेरे सीने में धड़कता है
कई रातों के साये में

कोई जवान ज़िंदा दिल
और इतनी सी दिल्लगी पर मेरी
क्यों पेशग़ी
क्यों दफ़ा
क्यों सज़ा
मेरी ज़ुबाँ को खामोशी से बाहर आने दो
फिलहाल मेरी ज़ुबाँ को पनाह दो
मेरे जिस्म में आग भड़कने दो
मेरी बाँहों पर मछलियाँ बनने दो
मेरे ज़िगर को फौलाद होने तक
मेरी ज़ुबाँ को पनाह दो
कि जमाना बेसब्री से
इन्तज़ार कर रहा था
कि अपने फनकार की
ख़ामोश ज़ुबाँ
आज खुलने वाली है
शहंशाह के सामने
और शहंशाह को देखते ही
उसकी घिग्घी बँध गई थी
उसके माथे पर पसीने की नदी थी
उसकी बोलियाँ गुम होने वाली थीं, कि
अवाम ने कहा, कि
''आने दो, आने दो
मैंने तुम्हारी ज़ुबाँ को पनाह दी
— बोलो, बोलो, अब बोलो...''

तुम मेरी कविता में आना

पूरी दुनिया में जब सर उठाकर
जीने की जगह न मिले
और न सर छुपाने की
किसी से बतियाने की न हो फुर्सत
न खुलके बोलने के लिए कोई भाषा
न रहने के लिए एक घर
न घर में कोई कोना
न कोने में कोई टेबुल
न टेबुल के नीचे पैर फैलाने भर की जगह
तब तुम मेरी कविता में आना

मैं दे दूँगा तुम्हें
एक लम्बी उदासी को तोड़ने के लिए
करतल ध्वनि
दिखा दूँगा तुम्हें
घर से बाहर का रास्ता
जो एकपेरिया पगडंडियों से होकर जाता है
मैं तुम्हें एक प्याली चाय न पिलाऊँ
लेकिन झूमते हुए पहाड़ी पर चढ़वाऊँगा
अगर न चढ़ पाये तुम
तो अपना हाथ आगे बढ़ाकर तुम्हें खींच लूँगा
तुम मेरी कविता में आना

हमलोग दिन-भर पहाड़ पर पसरी झाड़ियों और

जंगलों में घूमेंगे
झरने से बहते पानी का करेंगे स्पर्श
मैं कोई गीत गाऊँगा
और जमा हो जाएँगे चरनेवाले सारे भेड़
दूर पहाड़ से झोपड़ी की भीत पर
टँगे ढोलक को उतारकर कोई अपने आप देने लगेगा थाप
और पहाड़ के नीचे
एक झुंड लड़के-लड़कियाँ गाएँगे प्रेम-गीत
तुम मेरी कविता में आना

तुम भूल जाओगे कुछ क्षण
दुनियादारी का गुणा-गणित
और नापने लगोगे
पगडंडियों पर अपनी डग से पृथ्वी
जैसे नापा था तीन डग में वामन देवता ने संसार
तुम भी अपना तीसरा डग दे देना मेरे माथे पर
फिर भी तुम थकने लगोगे
तो मैं तुम्हारे पाँव दबाऊँगा
किसी किसान के घर ले जाऊँगा
उस युवा तुर्क की तरह नहीं जो
एक रात सफ़ेद कुर्ते-पायजामे में
किसान के घर खाना खाकर
उस किसानी नमक का शरियत चुकाना भूल जाता है
तुम मेरी कविता में आना

हमलोग लालटेन की रोशनी में
किसी झाड़ के नीचे बैठकर तकेंगे टुकुर-टुकुर
तुम मेरी आँखों की भाषा का अनुवाद बन जाना
मैं तुम्हें खींच लूँगा/छाती से लगा लूँगा
फेफड़े के रक्त से तुम्हें सींचूँगा
तुम मेरी कविता में आना

ब्रह्मा की दुनिया से अलग
निश्छल, निर्विकार दुनिया में
मेरी फड़कती भुजाएँ दे देंगी तुम्हें सुकून
तुम जरूर
....जरूर
...जरूर आना... ...

❑ ❑

णाणं पयासयं

वीर नि.सं. 2470

भारतीय ज्ञानपीठ